DES

TRAITÉS DE COMMERCE

SELON

LA CONSTITUTION DE 1852

Paris — Impr. P.-A. BOURDIER et Cie, rue Mazarine, 30.

DES
TRAITÉS DE COMMERCE

SELON

LA CONSTITUTION DE 1852

PAR

M. SAINT-MARC GIRARDIN

ANCIEN DÉPUTÉ

PARIS

CHARPENTIER, LIBRAIRE-ÉDITEUR,

28, QUAI DE L'ÉCOLE.

1860

TRAITÉS DE COMMERCE

SELON

LA CONSTITUTION DE 1852

Je lis partout que l'économie politique vient de remporter un grand triomphe, par le traité de commerce que le gouvernement français a fait avec l'Angleterre. Cependant tous les économistes s'accordent à dire en même temps, soit en France, soit en Angleterre, que la science de l'économie politique répudie aujourd'hui les traités de commerce ; que les États doivent rester maîtres de fixer leurs tarifs de douane comme bon leur semble ; que les droits de douane n'étant que des moyens de subvenir aux besoins du Trésor public, il est mauvais et dangereux de s'engager avec un État voisin à ne pas augmenter ces droits ; que, de cette façon, les États n'ont plus la libre disposition de leurs finances. Voilà quelles sont les nouvelles maximes de l'économie politique, et pourquoi elle désapprouve les traités de commerce. Comment donc se fait-il que l'Angleterre et la France viennent de contracter ensemble un traité de commerce, pour abaisser réciproquement les tarifs d'entrée sur plusieurs matières? Pourquoi ces deux grands États ont-ils dérogé en cela aux règles de l'économie politique? Ne pouvaient-ils pas, d'un commun accord, reviser chacun de leur côté leurs tarifs de douane et les adapter l'un à l'autre, sans enchaîner mutuellement leur liberté? Pourquoi ne pas laisser le Sénat et le Corps législatif, en France, délibérer sur l'abaissement des tarifs de douane, comme en délibèrent les deux Chambres d'Angleterre? Pourquoi enfin préférer la forme surannée et réprouvée des traités de commerce, à la forme plus libre et moins soudaine de la délibération parlementaire?

Les Anglais, qui sont curieux, n'ont pas manqué de faire ces questions en Parlement. M. D'israéli, rappelant que le gouvernement français avait annoncé l'intention de présenter en 1861 une loi qui abaisserait les tarifs de douane, a demandé « pourquoi on n'avait pas attendu cette proposition, et pourquoi on s'était tant hâté de faire un traité de commerce? L'abaissement des traités en France ne commencera, dit-on, qu'en 1861, ajoutait M. D'israéli; pourquoi donc nous engager par un traité à les abaisser dès aujourd'hui? Pourquoi surtout déroger aux principes de l'économie politique et nous lier les mains dans l'administration de nos finances ? » Il y avait là, en effet, une énigme qu'il était permis de ne pas comprendre.

Lord Palmerston a commencé à l'expliquer, et les journaux anglais ont achevé d'en donner le mot. « Il n'est pas désirable en principe, a dit lord Palmerston, de conclure des traités de commerce; mais il y a une particularité dans la constitution française qui, pour nous donner toute sécurité sur l'arrangement que nous désirions obtenir, exigeait que l'affaire prît la forme d'un traité de commerce : c'est donc un arrangement exceptionnel, qui ne modifie point nos opinions sur ce sujet... » Ainsi lord Palmerston répudie comme tout le monde en Angleterre les traités de commerce; mais l'Angleterre désirait *obtenir un arrangement*, et elle ne pouvait l'obtenir sûrement que par un traité de commerce, à cause d'une particularité de la constitution française. Cette particularité est le sénatus-consulte du 26 décembre 1852, qui explique l'article 6 de la constitution du 14 janvier 1852, et décide que les traités de commerce faits en vertu de l'article 6 de cette constitution ont force de loi pour les modifications de tarif qui y sont stipulées.

Les journaux anglais ont achevé la pensée de lord Palmerston. Écoutons ce que dit sur ce point le *Morning-Post*, qui est le journal quasi officiel du ministère anglais, et qui, en cette qualité, s'attache à faire ressortir l'habileté que le ministère anglais a montrée dans ses négociations avec le gouvernement français.

« Il est bien vrai, dit le *Morning-Post,* que le traité de commerce proposé s'écarte de nos usages récents et de nos maximes politiques ; mais nous pensons que cette déviation peut être justifiée complétement par des motifs d'une grande importance, par des motifs qui méritent autant d'être pris en considération que tous les arguments contraires que l'on pourrait faire valoir. Il ne suffit pas que nous considérions ce que nous pouvons et voulons faire de part et d'autre pour l'établissement de la liberté de commerce entre la France et l'Angleterre ; nous devons nous rappeler qu'il y a des choses que l'empereur des Français peut vouloir, mais qu'il n'a pas le pouvoir d'accomplir.... » Le *Morning-Post* rappelle ici que la liberté de commerce s'est établie en Angleterre par la discussion populaire et par la délibération parlementaire. En est-il de même en France ? « Il est impossible de s'empêcher de sourire, continue le *Morning-Post,* quand lord Grey vient nous dire que l'opinion publique en France va bientôt convertir la nation française à la politique de la liberté commerciale. Si l'adoption de cette politique dépendait du consentement des protectionnistes, qui disposent d'une majorité accablante dans le Corps législatif de la France, il est probable, et même il est

tout à fait certain, que la levée des restrictions, quelque désirable qu'elle soit, ne serait jamais obtenue.

« En usant de sa prérogative souveraine par la con-
clusion d'un traité, l'empereur Napoléon III a adopté
le seul moyen de lever les difficultés qui sans cela
auraient embarrassé sa marche : il a fait, s'il nous est
permis de nous exprimer ainsi, un coup d'État com-
mercial. C'est par ce moyen seul que la liberté du
commerce peut être établie en France.... »

On voit que le *Morning-Post* ne ménage pas les paroles. Le traité de commerce est un coup d'État commer-
cial. La liberté du commerce ne pouvait être établie
en France qu'en dehors de la liberté de discussion et
de délibération. Cela nous rappelle la manière dont
le *Times* annonçait aussi le changement qui vient de
se faire dans la politique commerciale de la France.
Le *Times* nous félicitait d'avoir des institutions à l'aide
desquelles nous pouvions nous coucher protectionnistes
et nous réveiller libre-échangistes : singulier compliment, où il y a évidemment plus d'admiration que
d'envie.

Je ne me sens pas, quant à moi, disposé à être re-
connaissant de cette louange anglaise ; mais je ne puis
assez admirer la béatitude de quelques économistes
français, qui triomphent de la révolution commerciale
qui vient de se faire et qui disent d'un air victorieux
« Faire le procès au système prohibitionniste est au-

jourd'hui superflu........ La lettre impériale a prononcé
son arrêt. Désormais on doit le considérer comme
mort. Des convenances que le lecteur appréciera nous
commandent de ne pas insister [1]. » Ah ! si le libre-
échange des preuves et des arguments, si la discussion
eût précédé l'arrêt, vous auriez eu droit de dire qu'il
est superflu aujourd'hui de faire le procès au système
prohibitionniste. Mais c'est précisément le procès qui
manque à l'affaire ; l'arrêt y est ; le débat n'y est
pas. Or, dans cet état de choses, ce sont vos adversaires qui ont le droit de retourner votre phrase, et
de dire avec une tristesse respectueuse et non plus
avec une joie contenue : « Des convenances que le
lecteur appréciera nous commandent de ne pas insister. »

Le *Morning-Post* reproche à la France de n'avoir pas
foi aux doctrines de l'économie politique. Pourquoi, en
effet, cette incrédulité de notre part? Est-ce que le libre-
échange n'a pas d'apôtres dans notre pays ? est-ce qu'ils
n'ont pas bien prêché? Pourquoi n'ont-ils pas fait plus de
prosélytes? « Où sont les maîtres, où sont les disciples
de la liberté du commerce en France? dit le *Morning-
Post*. En y comprenant l'Empereur lui-même, nous pour-
rions presque les compter sur nos doigts. » Si les libre-
échangistes français prennent cela pour un compliment,

---

[1] *Journal des Débats*, 19 janvier 1860.

je loue leur modestie. Quoi! voilà le résultat de vingt-
cinq ans de prédications! — Mais nous avons vaincu, ré-
pondent-ils. — Comment? par un coup d'État commer-
cial, dit le *Morning-Post*. Vous pouvez vous en réjouir,
vous ne pouvez vous en enorgueillir; car il n'y a rien
là qui ressemble au triomphe d'une doctrine. Nous
avons tous connu un temps où les libre-échangistes dis-
cutaient beaucoup et obtenaient peu. Je suis persuadé
que, pour leur école, ce temps valait mieux que le jour
où ils n'ont rien discuté et où ils ont tout obtenu. Il n'y
a rien de si beau qu'une doctrine qui se fait croire.
Qu'est-ce qu'une doctrine qui se fait obéir? Cela prouve-
t-il qu'elle a raison? Quelqu'un disait un jour devant
moi que M. de La Fayette avait l'ambition religieuse plu-
tôt que l'ambition politique et qu'il aimait mieux être
cru qu'être obéi. J'ai connu des économistes qui ont eu
autrefois dans leur jeunesse cette noble ambition d'être
crus. En se rabattant aujourd'hui à celle d'être obéis, ils
doivent sentir la décadence qu'il y a du spirituel au tem-
porel.

Quand le *Morning-Post* s'étonne du peu de progrès
que l'économie politique a fait en France, le journal anglais confond évidemment ici deux choses fort différentes : l'économie politique et le libre-échange. Le libre-
échange est une doctrine soutenue par une des écoles de
l'économie politique ; mais ce n'est pas toute l'économie
politique, qui serait en vérité une science trop élémen-

taire, si elle consistait seulement dans l'abolition des douanes internationales. Les libre-échangistes croient qu'il n'y a d'économistes en ce monde que ceux qui partagent leurs opinions : je crois voir des philosophes qui croient de bonne foi qu'il n'y a de philosophie que celle de leur secte. L'économie politique a fleuri et peut fleurir en France sans adopter tous les articles du programme du libre-échange ; de même que notre industrie s'est développée et s'est perfectionnée en France sous un régime contraire au libre-échange. J'entends dire en effet sans cesse par les économistes du libre-échange que notre industrie a fait de si grands progrès qu'elle n'a plus à redouter aucune concurrence. Mais sous quel régime notre industrie a-t-elle donc fait ces merveilleux progrès? Est-ce sous le régime du libre-échange ou sous le régime de la protection modérée? Quoi ! nous avons un régime économique qui nous a fait faire les plus admirables progrès dans l'industrie et dans le commerce, et vous voulez tout à coup le supprimer! Pourquoi? est-ce parce qu'il a réussi? parce que, grâce a lui, toutes nos industries ont grandi? Et vous nous faites prendre un régime tout contraire, que nos voisins n'ont adopté que depuis dix ou douze ans à peine, après avoir, eux aussi, grandi à l'aide du régime que nous avons! Leur industrie et leur commerce ont eu besoin de près de cent cinquante ans du régime de la protection pour créer leurs grands établissements et accumuler ces immenses capi-

taux qui peuvent lutter contre ceux de toûte l'Europe;
et vous voulez que notre industrie, qui date à peine de
l'Empire, qui n'a que cinquante ans encore d'existence,
qui n'a pu amasser de capitaux que depuis nos trente
dernières années de paix, vous voulez que notre
industrie accepte la concurrence de l'industrie anglaise! vous voulez que l'enfant lutte contre l'homme
fait! Abolissez les prohibitions; abolissez les visites
corporelles : ce n'est pas l'école de la protection modérée qui s'opposera à cette réforme; mais ne vous jetez
pas du premier coup dans les excès du libre-échange;
respectez le régime à l'aide duquel votre industrie s'est
élevée et s'est développée. Que penseriez-vous d'un médecin qui dirait à des parents : « Votre enfant a suivi jus-
qu'ici un régime qui a fait sa force et sa santé; je vous
engage à lui faire suivre maintenant un régime tout contraire. — Eh! pourquoi? — Parce qu'il pourra le sup-
porter, grâce à la force qu'il a acquise. — Merci, mon-
sieur le docteur; j'aime mieux conserver la force de mon
enfant par les moyens qui la lui ont acquise; j'aime
mieux en croire l'expérience du passé que vos promesses
d'avenir. »

Sans la concurrence, selon les libre-échangistes,
point de progrès dans l'industrie, point de réduction
dans le prix des denrées. La concurrence intérieure a
depuis trente ans abaissé en France le prix de tous les
objets manufacturés. La quantité des produits a aug-

menté, la qualité s'est améliorée, le prix a diminué; en même temps les salaires des ouvriers se sont élevés dans toutes les industries, ici d'un quart, là d'un tiers, ailleurs de la moitié, quelquefois même davantage[1]. Pourquoi donc changer?

« Qui vous fait croire, disent encore les libre-échangistes, que le régime économique qui réussit en Angleterre depuis dix ans ne réussira pas en France? « Je réponds : Demandez à tous les publicistes officiels de nos jours pourquoi le gouvernement parlementaire qui fait la grandeur et la force de l'Angleterre ne peut pas, ils le disent sans cesse, être établi en France. Ils vous répondront à l'instant que nos mœurs et nos idées sont tout à fait différentes de celles de l'Angleterre; que nous n'avons pas le même esprit et le même caractère; que notre passé historique, notre situation continentale, nos institutions civiles, que tout enfin chez nous diffère de l'Angleterre. Il n'y a donc que notre commerce et notre industrie qui peuvent être mis sans inconvénient et sans danger au régime de l'Angleterre! Il n'y a donc que de ce côté que nous pouvons ressembler à l'Angleterre! sur tout le reste, différence complète; sur ce point, conformité absolue : les libre-échangistes l'ont décidé ainsi. Je m'accommoderais assez du libre-

---

[1] Voir l'*Histoire politique commerciale de la France*, par M. Gouraud; voir particulièrement le livre IX. Cette *Histoire* est un livre excellent, plein de chiffres authentiques qui sont des arguments.

échange des lois, des institutions, des usages parlementaires entre la France et l'Angleterre. Ce libre échange-là est interdit, à cause de la profonde différence, dit-on, des deux pays; il n'y a que le libre-échange des denrées qui soit permis. La prohibition subsiste dans l'ordre politique; elle n'est abolie que dans l'ordre matériel.

Nous avons montré pourquoi l'Angleterre, malgré les règles consacrées de l'économie politique, a consenti à faire avec la France un traité de commerce : c'est que le traité de commerce était la seule manière de faire réussir l'*arrangement* que souhaitait l'Angleterre, la seule manière d'affranchir cet arrangement du vote du Corps législatif et du Sénat français. S'il eût fallu consulter les corps constitués, le *Morning-Post* assure qu'ils auraient refusé leur consentement. Il fallait donc trouver le moyen de se passer de ce consentement. Le traité de commerce était le seul moyen. Aussi nous a-t-on raconté qu'un libre-échangiste célèbre et influent partout où l'on ne discute pas s'étant avisé, ou ayant été avisé de cette façon de faire prévaloir sa doctrine sans la faire discuter, s'écria dans sa joie : « Nous les tenons! » Il songeait à ses adversaires. Nous sommes tenus, il est vrai, mais nous ne sommes pas convaincus; nous sommes tenus par l'usage qui est fait du sénatus-consulte du 26 décembre 1852, mais quand ce sénatus-consulte a été fait, tout le monde au

Sénat, le rapporteur, c'est-à-dire le président lui-même du Sénat, M. Troplong, le commissaire du gouvernement, c'est-à-dire le président du conseil d'État, M. Baroche, tous les orateurs enfin, se sont empressés de dire qu'il ne serait fait usage de ce droit accordé au gouvernement qu'après avoir consulté et entendu tous les intérêts.

Nous ne nions pas la légalité du traité de commerce ; nous ne prétendons pas qu'il soit inconstitutionnel ; nous disons seulement qu'à lire le rapport de M. Troplong sur le droit accordé à l'Empereur de faire des traités de commerce sans consulter le Corps législatif, à lire la discussion qui a suivi ce rapport, nous ne pouvions pas penser qu'un traité de commerce serait jamais fait de manière à mériter l'éloge que le *Morning-Post* vient de faire du traité avec l'Angleterre, en l'appelant un coup d'État.

Analysons rapidement le rapport de M. Troplong et la discussion du Sénat, pour montrer combien l'exécution actuelle du sénatus-consulte du 26 décembre 1852 s'accorde peu avec l'intention de ceux qui l'ont rédigé et qui l'ont voté.

Le rapport de M. Troplong explique quelles ont été les causes du sénatus-consulte du 26 décembre 1852. La constitution du 14 janvier 1852 accordait à l'Empereur le droit de faire des traités de commerce ; la charte de 1814 et celle de 1830 accordaient le même droit au roi ; mais en 1826 les Chambres avaient obtenu le droit de délibérer et de voter sur les tarifs de douane contenus dans ces traités. C'était M. Casimir Périer qui avait fait prévaloir ce droit, nécessaire à la défense des intérêts du commerce et de l'industrie. Son fils, membre de l'Assemblée nationale en 1851 et rapporteur d'une commission chargée de régler tout ce qui avait rapport à la sanction législative des traités, expliquait fort bien dans son rapport comment les modifications de tarifs contenus dans les traités de commerce avaient un double caractère : « Celui d'un sacrifice aux dépens du trésor par la réduction des droits de douane envisagés au point de vue fiscal ; celui d'un sacrifice imposé au producteur ou au consommateur par la diminution ou l'élévation de ces droits, envisagés au point de vue de la protection de l'industrie et de l'agriculture. » Sous ce double rapport, il était nécessaire que les Chambres eussent droit de délibérer et de voter sur les tarifs contenus dans les traités de commerce.

En 1852, ces conquêtes de la prérogative parlementaire sur le pouvoir du chef de l'État n'étaient plus de saison. « Il fallait, disait M. Troplong dans son rapport, retirer le gouvernement du sein des assemblées délibérantes qui en étaient devenues maîtresses, et le consolider sur le piédestal élevé par le vœu populaire... le gouvernement est le dépositaire le plus intime de la confiance nationale, et entre toutes les délégations de la puissance publique, la sienne est la plus large et la plus complète[1]. »

Est-ce à dire qu'étant le dépositaire le plus intime de la confiance nationale, l'Empereur, quand il change les tarifs de douane, qui sont à la fois une des recettes du trésor et une des garanties de notre industrie et de notre agriculture, peut agir sans consulter personne, sans faire d'enquête? M. Troplong ne pense pas qu'on puisse avoir un instant une pareille pensée. « Votre commission, dit-il au Sénat, a la conviction intime que plus le gouvernement est armé d'un droit éminent pour faire les traités, plus il sent la nécessité de s'environner des lumières des hommes spéciaux, pour n'entrer dans la voie des modifications diplomatiques de tarifs qu'avec de grandes précautions. Les traités de commerce touchent à tout ce qu'il y a de plus délicat dans les intérêts de notre navigation, de notre industrie, de notre commerce et de notre agriculture. En cherchant à faire le bien, on peut se laisser entraîner à des mesures fatales, et il y a tel traité de commerce assez dangereux pour porter la plus grande perturbation dans tous nos intérêts, pour ruiner la production agricole, pour anéantir nos fabriques et bouleverser le système entier de notre économie politique. Par un traité de commerce irréfléchi, rien ne serait plus facile que de compromettre la

---

[1] Procès-verbaux des séances du Sénat. — Séance du 21 décembre 1852, pages 172 et 173.

richesse intérieure du pays aussi profondément qu'un traité de paix portant imposition de subsides ou cession de territoire porterait atteinte à l'honneur national[1]. »

J'ai cité ces deux passages du rapport de M. Troplong pour prouver deux choses : la première que le sénatus-consulte du 26 décembre 1852, qui accorde à l'Empereur le pouvoir de donner à lui seul force de loi aux tarifs contenus dans les traités de commerce, a été fait dans un esprit tout politique et pour rendre à l'Empereur ce que le rapporteur appelait un droit *régalien*. Ça été un des actes de cette réaction salutaire ou dangereuse (je ne cherche pas à la caractériser en ce moment) qui, en 1852, emportait les esprits du côté du pouvoir et leur faisait croire que le gouvernement ne serait jamais trop fort. La peur des institutions parlementaires était alors le mot d'ordre du pays. On ne pensait pas que ces institutions pussent jamais servir à défendre les intérêts de l'industrie et de l'agriculture; il était de règle de croire qu'elles ne pouvaient jamais que troubler et inquiéter ces intérêts par les agitations qu'elles causaient.

La seconde chose que prouvent les passages que j'ai cités du rapport de M. Troplong, c'est que le rapporteur n'avait aucun penchant vers les doctrines du libre-échange, et qu'il se préoccupait vivement des intérêts

____

[1] *Ibid.* — Même séance, p. 191.

de l'industrie et de l'agriculture. Il indiquait tous les dangers et tous les malheurs qu'un traité de commerce irréfléchi pouvait causer à la France. Il est vrai que le président du Sénat, tout en craignant le mal, craignait encore plus le remède, c'est-à-dire l'intervention des corps délibérants. Il approuvait comme politique ce qu'il redoutait comme économiste.

La discussion du Sénat est tout à fait conforme à l'esprit du rapport. Le Sénat a des craintes pour notre industrie et notre agriculture ; mais ses principes politiques l'emportent sur ses craintes. Ce n'est pas mon intention de reprocher ici au Sénat d'avoir fait trop bon marché de ses appréhensions ; j'ai assez vécu dans les assemblées politiques pour savoir qu'il est difficile de s'affranchir de l'influence du temps et des circonstances : je ne veux, en ce moment, que constater l'embarras du Sénat et lui faire honneur de ses bons sentiments, quoique non suivis d'effet. Il voyait bien quels coups un traité de commerce fait soudainement pouvait porter à notre industrie, à notre commerce, à notre agriculture ; mais, comme il ne pouvait trouver de garantie contre un pareil danger que dans le concours des assemblées délibérantes, dans le vote du Corps législatif et du Sénat, il n'a pas pu se décider à faire appel au pouvoir parlementaire, au moment même ou ce pouvoir venait de succomber.

Cette contradiction entre des bons sentiments de nature

opposée éclate dans toute la discussion du Sénat. Comment refuser à l'Empereur un droit régalien? Comment résister au penchant naturel que tout le monde avait alors de dépouiller le pouvoir parlementaire qui était vaincu? D'un autre côté, comment ne pas trembler pour notre industrie et pour notre agriculture, qui peuvent être ruinées si quelques théoriciens ambitieux parviennent à tromper pour un instant la religion du souverain? Comment faire? « Ne serait-il pas possible, disait le rapport de M. Troplong, de rétablir quelque chose d'analogue au conseil supérieur du commerce et des colonies, d'organiser des moyens d'instruction et d'enquête, d'instituer, à l'exemple de Colbert, des consultations officielles de ces commerçants éminents, qui surveillent avec intelligence la mobilité des faits industriels? N'y aurait-il pas là des auxiliaires précieux pour la direction de l'agriculture et du commerce et pour l'administration des douanes? Ne serait-ce pas des moyens excellents pour donner une entière sécurité aux établissements commerciaux et industriels, qui ont pris depuis trente ans un si heureux développement et qu'il faut toujours craindre d'alarmer ou de tenir en suspens? Le célèbre traité de 1786 ne produisit des effets si désastreux sur certaines branches de l'industrie française que parce que le gouvernement ne s'environna que de lumières partielles, laissant à l'écart un grand nombre des organes naturels du commerce et de la fabrication. Le gouvernement de l'Empereur sait au reste, dans sa haute sagesse, que ces questions sont hérissées de difficultés ; qu'on y marche à côté de piéges adroits et de théories d'autant plus funestes qu'elles sont plus séduisantes. On peut se confier à sa prudence pour éviter les surprises, les précipitations, les innovations hasardées. L'empereur Napoléon Ier connaissait tout ce qu'il fallait accorder de sollicitude à notre agriculture et aux sources précieuses du commerce et de l'industrie ; il leur avait imprimé un mouvement fécond dont il se faisait gloire à Sainte-Hélène [1]... »

Voilà comment s'exprimait le rapporteur. Dans la discussion, M. le comte Beaumont de la Somme, ancien membre de l'opposition dans la Chambre des députés avant 1848, se félicite « de la transformation du gouvernement si heureusement accomplie le 2 décembre 1851 ; mais plus on a étendu la responsabilité de l'Empereur, plus il est de l'intérêt de l'Empereur lui-même qu'il soit éclairé sur des questions aussi importantes que celles des modifications de tarifs. — Il ne voit à côté de l'Empereur aucun élément d'instruction propre à lui fournir sur ce point d'utiles renseignements. Il trouve, il est vrai, dans le rapport une pensée dont il désire la mise en pratique : c'est l'organisation d'un conseil supérieur du commerce, de l'industrie et de l'agriculture..... Il désirerait savoir si

---

[1] Procès-verbaux du Sénat. — Séance du 21 décembre 1852, p. 191-192.

MM. les commissaires impériaux sont autorisés à accepter non-seulement la pensée formulée dans le rapport, mais encore l'institution de ce conseil, dans lequel le gouvernement ferait représenter également tous les intérêts du commerce, de l'agriculture et de l'industrie[1]. »

Ainsi perçait partout la pensée de soumettre le droit nouveau qu'on allait accorder au gouvernement à la consultation obligatoire, sinon à la délibération souveraine de quelque conseil. Ce n'était pas la garantie parlementaire qu'on invoquait; elle n'était plus de mise; on cherchait pourtant une garantie, tant on craignait qu'une décision précipitée ne vînt, comme en 1786, porter une atteinte funeste aux intérêts de notre industrie et de notre agriculture, tant on redoutait que, comme en 1786, « le gouvernement ne s'environnât que de lumières partielles, laissant à l'écart un grand nombre des organes naturels du commerce et de la fabrication. » Plus on lit cette discussion, du 23 décembre 1852, moins on peut accuser le Sénat de n'avoir pas vu très-clairement le danger. Il a prévu le mal; seulement il a eu plus peur du remède, c'est-à-dire du contrôle parlementaire, que du mal, c'est-à-dire de la soudaineté d'une décision souveraine. Ceux qui, sur ce point, blâmeront le Sénat devront, selon moi, pour

____

[1] *Ibid.* — Séance du 23 décembre 1852, p. 232 et 233.

être justes, se souvenir de l'état de l'esprit public à ce moment : il faut n'accuser personne ou bien accuser tout le monde.

L'idée d'un conseil spécial pour éclairer la religion de l'Empereur sur les intérêts de notre commerce, de notre industrie et de notre agriculture, plaisait à ce point au Sénat, que le commissaire du gouvernement, M. Baroche, croyait devoir dire : « L'idée d'un conseil spécial émise dans le rapport avec toute l'autorité qui s'attache à un tel document fixera certainement l'attention du gouvernement. Au surplus, l'importance est telle qu'au besoin, aux termes de la constitution, une proposition à ce sujet pourrait émaner du Sénat lui-même, si le gouvernement, plus que qui que ce soit jaloux de recueillir la lumière sur les grands intérêts du pays, pouvait perdre de vue les observations formulées dans le rapport de la commission, et n'en pas faire l'objet d'un sérieux examen[1]. »

Pourquoi ce conseil spécial, dont la consultation aurait été obligatoire dans la rédaction des traités de commerce, n'a-t-il pas été créé ? Pourquoi le Sénat a-t-il attendu que le gouvernement l'établît ? Ou pourquoi le gouvernement a-t-il attendu que le Sénat proposât de l'établir ? Je ne sais. Le contrôle discret que ce conseil aurait exercé sur les résolutions du gouvernement, les

---

[1] Procès-verbaux du Sénat.— Séance du 23 décembre 1852, p. 234-235.

avis respectueux qu'il lui aurait soumis n'auraient certes pas affaibli la restauration du principe d'autorité. Ils auraient pu adoucir, en les préparant, les effets d'un changement soudain du système économique.

Je suis d'autant plus étonné que le Sénat n'ait pas usé de son initiative pour créer ce conseil, que personne, dans la séance du 23 décembre 1852, n'en avait combattu la proposition. M. Baroche, commissaire du gouvernement, avait rappelé qu'il y avait des ministères et des ministres chargés d'étudier les questions d'agriculture et d'industrie, relatives aux traités de commerce; mais il ne s'était pas opposé à l'institution d'un conseil spécial; il avait même sur ce point provoqué l'initiative du Sénat. M. le marquis Turgot, ancien ministre des affaires étrangères, aussi favorable que personne à l'exercice du droit réclamé pour l'Empereur de faire seul les traités de commerce, n'avait pas non plus désapprouvé la création de ce conseil; il s'était seulement empressé de donner, sur la manière dont les traités de commerce se préparent dans les ministères, des détails fort curieux à citer aujourd'hui, ne serait-ce que pour les comparer à la manière dont le nouveau traité de commerce a été préparé et résolu. « Quand un traité de commerce se prépare, disait M. le marquis Turgot, chacune des puissances contractantes commence par établir ses prétentions; aussitôt elles sont communiquées aux ministères intéressés, et toujours au ministère de l'intérieur, qui, dans ses attributions, a la direction de l'agriculture, des manufactures et du commerce, ainsi qu'au ministère des finances, pour ce qui concerne les douanes. Le projet de traité est soumis dans cette première phase de sa préparation à un sérieux examen, pour lequel ces deux ministères s'entourent de toutes les lumières à leur disposition, interrogent les chambres de commerce, et enfin appellent en consultation individuelle les hommes les mieux placés pour fournir d'utiles renseignements. Ce n'est qu'après ces épreuves que le projet fait retour au ministère des affaires étrangères, qui étudie, apprécie les documents, dont il est accompagné[1]. » Voilà comment M. le marquis de Turgot, pour rassurer le Sénat, expliquait la préparation des traités de commerce. Ne voulant pas les garanties parlementaires, il exposait avec plaisir l'ensemble et la suite des garanties administratives.

Enfin, pour mieux témoigner encore des intentions et de l'esprit du Sénat dans cette matière, citons quelques paroles de M. Charles Dupin dans cette séance du 23 décembre 1852. M. Charles Dupin ne demande pas le contrôle parlementaire ; il ne veut rien proposer qui ne soit, dit-il, « dans l'esprit du système qui nous régit : il demandera des exemples et des leçons au règne illustre de Louis XIV, où certes le souverain n'avait pas une

---

[1] Procès-verbaux du Sénat. — Séance du 23 décembre 1852, p. 235.

autorité partagée, où nul Sénat, nul Corps législatif n'entraient dans la balance des pouvoirs. » Il rappelle alors le conseil supérieur du commerce créé par Colbert ; et, comme en 1852 le ministère de l'agriculture et du commerce avait été supprimé, il en demande le rétablissement. « La double institution d'un ministère spécial et d'un conseil spécial du commerce rendrait moins regrettable l'adoption de l'article 3 sur les traités de commerce [1], article sur lequel l'orateur eût proposé des modifications, s'il eût pu concevoir l'espérance de les faire adopter par le Sénat [2]. »

J'ai voulu analyser toute cette discussion du Sénat pour prouver que si le Sénat a accordé à l'Empereur le droit de faire seul les traités de commerce, ce n'était pas pour donner des chances d'ascendant au libre-échange, mais pour témoigner de son esprit monarchique et manifester de plus en plus la défaite du pouvoir parlementaire ; que, malgré cette disposition d'esprit, conforme après tout aux idées du temps, le Sénat avait ressenti de légitimes appréhensions pour les dangers qu'un traité de commerce fait sans préparations et sans enquêtes suffisantes pouvait faire courir à notre commerce, à notre industrie, à notre agriculture ; que, pour éviter ces dangers, il avait été question de créer un conseil supérieur du

---

[1] Cet article est celui qui confère à l'Empereur le droit de faire à lui seul les traités de commerce.

[2] Procès-verbaux du Sénat. — Séance du 23 décembre 1852, p. 242.

commerce ;. que le commissaire du gouvernement,
M. Baroche, avait provoqué le Sénat à proposer l'établissement de ce conseil ; que ceux mêmes qui parais-
saient croire que l'établissement de ce conseil était
inutile, exposaient qu'il y avait dans les divers ministères des moyens de préparer et d'élaborer les traités
de commerce, de manière que ces traités n'eussent
jamais rien de précipité. Rapprochez maintenant
cette discussion du Sénat du traité de commerce
actuel : il est impossible de ne pas comprendre pourquoi le contrôle parlementaire, répudié par le Sénat
et par l'esprit du temps, pouvait cependant, même en
1852, avoir encore quelques partisans qui ont dû
s'augmenter de nos jours.

Qu'importent tous ces regrets et toutes ces craintes,
diront quelques libre-échangistes, si par ces mesures
nous faisons le bien du peuple, si nous abaissons le prix
des denrées ? Croyez-vous, si le peuple paye le sucre et
le café moins cher, qu'il se plaindra que cette diminution n'ait pas été votée par le Corps législatif? —
Non, assurément ! Mais songez de votre côté, dirai-je
à ces libre-échangistes, qu'il faut que sur votre parole
le prix du pain et de la viande diminue ;

Que le vin ne s'élève pas par l'exportation même
que vous promettez ;

Que le sucre et le café soient à bon marché ;

Que les loyers surtout s'abaissent par la construction moins coûteuse des maisons ;

Que si nous perdons comme producteurs par la dépréciation de nos denrées primées par l'arrivée des denrées étrangères, nous puissions nous dédommager comme consommateurs, et que si nous vendons un peu moins cher ce que nous produisons, nous achetions beaucoup moins cher ce que nous consommons, puisque c'est à cette condition seulement que nous pourrons ressentir quelque bien-être ;

Que les impôts n'augmentent pas pour combler le déficit que l'abaissement des tarifs de douane va causer au trésor public :

Voilà les engagements que vous avez pris par votre réforme devant le pays et devant l'Empereur. Vous avez dû aisément le séduire en lui promettant l'aisance du peuple, qui allait désormais se nourrir, se vêtir et se loger à bon marché. Il faut que vous réussissiez ; car si vous ne réussissez pas, tout le monde aura droit de vous dire : Vous avez supprimé la discussion pour arriver plus vite au bien ; et c'est au mal que vous êtes arrivé, comme en 1786 ; au mal que la discussion eût sans doute montré et que les *lumières partielles dont vous avez environné le gouvernement* ont soigneusement laissé dans l'ombre. — Nous réussirons, dites-vous. — Dieu le veuille ! Dieu veuille que le bien-être du peuple con-

damne les appréhensions du Sénat de 1852 ! J'aime
bien mieux, quant à moi, vieux patriote de 89, avoir
tort par le bonheur du peuple qu'avoir raison par sa
misère ; mais j'ai des doutes sur votre succès. Je me
souviens toujours avec inquiétude de la conversation
que j'avais il y a deux ou trois ans avec un libre-échangiste de mes amis. Les droits d'entrée sur les bestiaux
étrangers venant d'être abaissés, il m'avait promis que
le prix de la viande allait diminuer ; ça allait être, selon
lui, le commencement de la vie à bon marché. Je me
plaignais que la viande à Paris n'eût fait qu'augmenter
depuis sa promesse. Il me répondit, avec l'aplomb
d'un prophète, que sans cette réduction de droits, nous
eussions payé la viande encore plus cher. Je fus forcé de
me contenter de ce conditionnel : le bienfait était de ne
pas payer plus cher ce qui déjà était d'un prix exorbi-
tant. Sera-ce à ce bienfait hypothétique que se réduira la
nouvelle réforme ? et quand, nourris, logés et vêtus aussi
chèrement que nous le sommes aujourd'hui, nous de-
manderons aux libre-échangistes de quoi nous devons
leur être reconnaissants, nous répondront-ils aussi :
Remerciez-nous de ce que vous n'êtes pas nourris, logés
et vêtus plus chèrement encore qu'aujourd'hui. A ce
compte, je devrais payer mon médecin pour les maladies
que je pourrais avoir l'année prochaine, et qu'il me
promet que je n'aurai pas.

Laissons les hypothèses et venons au fait : tout diminuera de prix; voilà votre engagement. Cela ne veut pas dire : sans notre réforme, tout aurait augmenté. Vous êtes nos bienfaiteurs si vous améliorez notre condition ; vous ne l'êtes pas si vous faites seulement que notre situation n'empire pas; car que savez-vous si elle eût empiré? Nous savons le mal que vous faites, nous ne savons pas celui que vous nous évitez. — Mais la civilisation! vous écriez-vous, mais l'union des peuples! mais la sainte alliance des nations! Vous oubliez qu'il ne s'agit pas du libre-échange des institutions libérales en Europe, mais de l'entrée de la faïence anglaise. Emprunter à l'Angleterre sa coutellerie au lieu de lui emprunter sa liberté, est-ce là faire œuvre de civilisation?

FIN.

Paris. — Impr. P.-A. BOURDIER et Cie, rue Mazarine, 30.